Florian Fritz

Ayinger Farbtupfer

Gedichte und Fotos

eines

neuzugewanderten Alteingesessenen

Impressum

Bibliografische Information der Deutschen Nationalbibliothek:
Die Deutsche Nationalbibliothek verzeichnet diese Publikation in der
Deutschen Nationalbibliografie; detaillierte bibliografische Daten sind im
Internet über http://dnb.dnb.de abrufbar.

Herstellung und Verlag: BoD – Books on Demand, Norderstedt

ISBN: 978-3-754337400

Einleitung

Ich wohne seit 1993 in Aying. Damit bin ich noch weit davon entfernt, ein „Alteingesessener" zu sein, wie beispielsweise unser Vermieter, der seit Generationen hier ansässig ist. Ich gehöre aber auch nicht mehr zu den „Zugezogenen", die in den letzten Jahren in die diversen Neubaugebiete in einem der 19 Ayinger Ortsteile gezogen sind.

Ich bin sozusagen zwischendrin. Letztlich zähle ich aber zu den 75%, um die sich die Gemeinde in den vergangenen 30 Jahren vergrößert hat. Das ist gewaltig, beispielsweise erheblich mehr als München, prozentual gesehen.

Ich bin immerhin lange genug Teil des Gemeinwesens, um von beiden Seiten der Bahnhofstraße gegrüßt zu werden, wenn ich zum Zug gehe.

Und ich bin lange genug hier, um 1001 Plätze in und um Aying kennengelernt zu haben, die ich mit Stimmungen, Momenten, Geschichten und Ereignissen verbinde.

Ob das nun eine versteckte Waldlichtung ist oder die markante Ortsmitte mit dem Pfarrgemeindehaus, dem Brauereigasthof, dem Bräustüberl, dem Maibaum, dem Herrenhaus und der verfallenden Fassade des alten Brauereigebäudes – wo immer ich vorbeikomme, könnte ich anhalten, kurz überlegen und mir fiele etwas Interessantes ein.

Ich glaube, das ist das, was man gerne mit „Heimatgefühl" beschreibt. Dieses Gefühl, auch wenn Böswillige gerne das Gegenteil behaupten, hat nicht zwingend etwas mit der Aufenthaltsdauer an einem Ort zu tun, sondern damit, was man erlebt, wie man aufgenommen wird, was man tut, sieht, empfindet, wen man kennt und mag, mit wem man redet.

In diesem Sinne fühle ich mich im Ort heimisch, und das hat mich dazu bewogen, meine Empfindungen und

Beobachtungen in Verse zu fassen und mit Ihnen und Euch zu teilen.

Den Gedichten stelle ich Fotografien gegenüber, die in und um Aying entstanden sind. Sie sollen die Texte ergänzen, bereichern, erweitern, spiegeln.

Wenn es mir gelänge, dass Leser*innen sich wiederfinden, wiederentdecken oder auch anregen lassen, dann hat dieses Büchlein seinen Zweck erfüllt.

Florian Fritz, Anfang 2022

8

Der Maibaum

Der Maibaum steht recht prominent
vor dem Gasthof, an der Stelle,
wo der Gast vorüberrennt,
im Fokus schon das frische Helle.

Er ragt empor in ferne Höhen,
der höchste sei er in ganz Bayern.
Man kann ihn fast vom All aus sehen,
drum ist er stets ein Grund zum Feiern!

Er wird hier noch mit Manneskraft
und viel Geduld und viel Geschrei
hinein ins Fundament geschafft
von früh um Acht bis spät um Drei.

Das ist ein Fest und eine Schau.
Man schwitzt und flucht und flucht und schwitzt,
bis dass der Maibaum ganz genau
und senkrecht in der Grube sitzt.

Das Publikum ist mittendrin.
Es staunt und guckt und fragt sich auch:
Wo ist in alledem der Sinn?
Das ist doch klar: Es ist ein Brauch!

Am Ende, wenn der Baum dann steht
und der Tag zu Ende geht,
am Spitz im Wind die Fahne weht,
spricht so mancher ein Gebet.

Es ist mal wieder gutgegangen.
Der Maibaum steht fünf volle Jahre,
dann wird von vorne angefangen.
Ein Brauch ist halt das einzig Wahre!

Die Marke Aying

Es ist doch so: Es dreht sich hier

so gut wie alles um das Bier.

Naturtrüb, Helles oder Weizen,

welches würde Sie denn reizen?

Die Ingredienzen sind lokal,

das Marketing dafür global.

Aus Aying in die weite Welt,

das ist der Anspruch, der gefällt.

Und dass die Welt nach Aying reist,

das ist da auch mit eingepreist.

Lauschig im Kastaniengarten

auf die nächste Halbe warten

und mit nicht so wirklich zarten

angegrillten Schweineschwarten

seinen groben Hunger stillen,

muss doch Herz und Geist erfüllen.

Nach dem Essen und dem Ratschen

folgt noch das Verdauungslatschen.

Gar fröhlich geht's den Hügel rauf.

Schwitz und ächz und stöhn und schnauf.

14

Oben beim Graf Aygo- Schild

ein Blick auf das das perfekte Bild.

Besser lässt es sich nicht tünchen:

Von den Alpen bis nach München.

Das ist halt ländlich, aber wie.

Die Rückfahrt dann, im SUV

in Richtung Norden, in die Stadt,

reichlich glücklich, etwas matt.

Der Gast, er geht, wir bleiben hier,

beim Schweinebraten und beim Bier.

Gemeinsam sind wir eine starke

weiß-gelb-grün und blaue Marke.

Buntes Aying

Wie soll ich diesen Vers beginnen?

Am Anfang waren viele Stimmen:

„Was wird kommen was wird sein?

Was kommen da für welche rein?

Die haben Kopftuch und Koran.

Ja, stecken sie uns damit an?

Und denen baut man jetzt ein Haus!

Da gehn die niemals wieder raus.

Da darf man schon mal kritisch fragen

und auch seine Meinung sagen!"

Ich kann den Vers auch so beginnen:

Was heißt, den ersten Preis gewinnen

nach langen Jahren auf der Flucht,

in denen man nach Heimat sucht?

Mühsam neue Sprachen lernen,

vom Zuhause sich entfernen,

Krieg und Trauma zu vergessen.

Fremdes Wetter, fremdes Essen,

fremden Menschen zu vertrauen

und trotzdem auch nach vorn zu schauen.

18

Sich für seine Zukunft schinden,
schließlich einen Platz zu finden
mit Namen an der Wohnungstür:
Angekommen. Ich bin hier.

Beide Verse sind ein Spiegel
der noch nicht synchronen Flügel,
mit denen Deutschland navigiert.
Bei allem, was dadurch passiert,
müssen wir die Richtung finden
und das Band gemeinsam binden.
Mit *wir* sind alle hier gemeint.
Es ist der Ort doch, der uns eint.
Geht man heut zum Bahnhof runter,
trifft man Aying, und zwar bunter,
als es früher einmal war.
Auch jünger. Eine Kinderschar,
die rennt und radelt frech umher.
Ich geb es zu: Das freut mich sehr.

Schwammerl

Immer wenn der Sommer endet

und der Herbst Signale sendet,

feuchte Luft und Nebeltau,

weiß der Sammler ganz genau:

Jetzt ist es Zeit, jetzt zieht er los

streift durch saftiggrünes Moos,

lässt den Blick durch Senken wandern,

suchen, prüfen und mäandern.

Achten auf das dunkle Braun,

glatt und kräftig anzuschaun.

Und leuchtet es im Unterholz,

Durchzuckt dich jäh der Finderstolz.

Ein voller Korb am Weg nach Haus,

man fühlt sich wie der Nikolaus.

Zuhause wird dann angebraten.

Das ist mit Butter anzuraten

Zwiebeln noch, und zwar nicht wenig,

das Schwammerl ist ein Pfannenkönig.

Du isst es auf und weißt: Schon bald,

da gehst du wieder in den Wald.

22

Unser Bahnhof

Er ist ein ganz besondrer Ort.

Hier kommt man an. Hier reist man fort.

In Aying ist er recht speziell,

aus viel Beton und der ist hell.

Die Wege breit und funktional.

Ein Flaschenwurf von Mal zu Mal

lässt in Scherben sie versinken

und tut Radlern mächtig stinken.

Vom Bahnsteig geht der Blick recht weit

nach Peiß und in die Ewigkeit

zu scharfgezackten Alpengipfeln

über schwarzen Kiefernwipfeln.

Der Sonne Aufgang früh am Morgen

Vertreibt schon fast die Arbeitssorgen.

Und auch am Abend ist sie schön

von unserm Bahnhof aus zu sehn.

Am Ende steht ein buntes Haus,

das sieht nach viel Geschichte aus.

Die Frau vom Wärter lebt noch dort.

Er selber ist schon lange fort.

24

Vom Bahnhof geht die Bahnhofstraße

in kerzengradem Straßenmaße

und unter Bäumen in den Ort.

Der Morgen- und der Abendsport

von allen Pendlern, her und hin,

der gibt ihr Leben, Charme und Sinn.

Die Sitzbank

Ich seh sie täglich, oder fast.

Mal schlender ich, geh mal mit Hast

an ihr vorbei, und schau stets hin.

Diese Bank, die macht echt Sinn.

Sie ist ein Ort für stilles Staunen,

Rauchen, Schimpfen, Warten, Raunen.

Sie ist ein Ort, wo die Geschichten

sich hin zum Lebenswerk verdichten.

Das Dasein lässt dort manchmal Sachen

zum Grübeln, Weinen oder Lachen.

Leere Dosen oder Flaschen,

Brösel, Fitzel und auch Laschen.

Richtig sauber ist es selten.

Die Bank als beste aller Welten.

Einmal saß dort ganz alleine,

rechts am Rand, und Pummelbeine,

in Gelborange ein Teddybär.

und er sah fragend zu mir her.

Wir haben beide nachgedacht

und dann hab ich ein Bild gemacht.

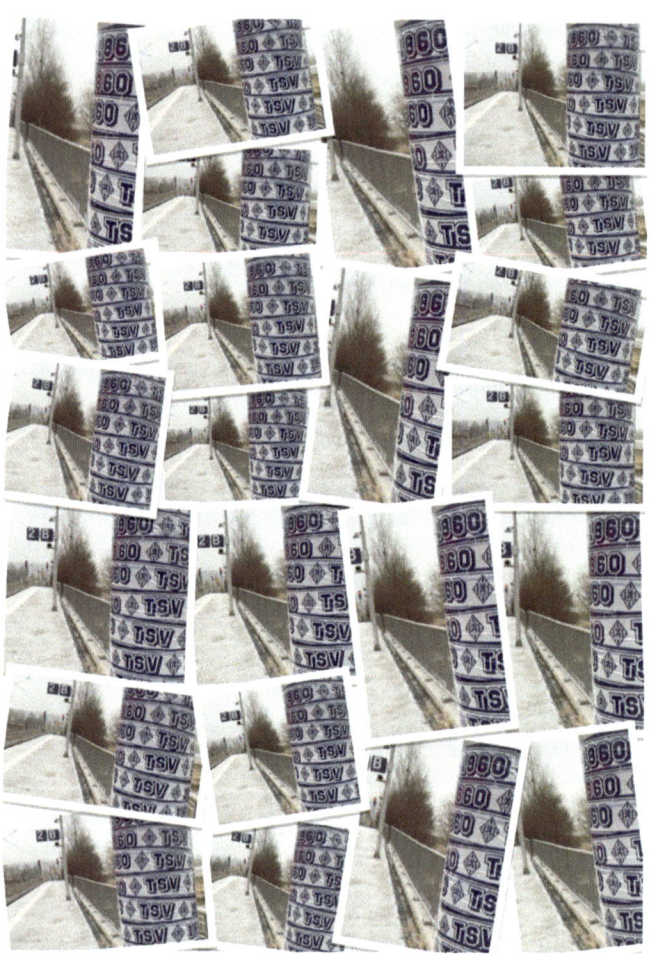

28

Aying ist blau

Aying ist blau.

Was heißt das genau?

Ich meine, nee nee

nicht die AfD.

Den Löwen, der brüllt,

glatt, nicht zerknüllt,

am Bahnhof gesehn.

Das war richtig schön.

Ich hab mich gefreut.

Und gar nicht gescheut,

ein Foto zu machen.

Für solche Sachen

ist Instagram toll.

Denn dort ist es voll.

Der Post war mein bester

und schneller und fester

klopft seither mein Herz.

Ich weiß es, kein Scherz,

Aying ist blau.

Ich spür es genau.

Passhöhe Graf Aygo
647,45m NN
Ermittelt vom Ingenieurbüro Scherer & Kurz

30

Graf Aygo Höhe

Es ist ein unscheinbarer Ort,

und doch bin ich sehr gerne dort.

Von unten kommend lädt ein Tor

aus Buchenästen. Doch davor

bleibt ein jeder erst mal stehen,

um sich nochmals umzusehen.

Dort am Horizont die Berge.

Bunte Häuser, Gartenzwerge,

hier im weiten Landschaftsraum.

Überm dunklen Tannensaum

Münchens Hochhaussilhouetten.

Ganz nah vor mir, wie Perlenketten,

Regentropfen in der Wiese.

Ein alter Baum, ein wahrer Riese,

spendet Schatten einer Bank.

Seine Äste wachsen schlank

und dicht empor zum Himmelszelt.

Zu Füßen, scheint es, liegt die Welt.

Im Herbst, da sind die Blätter bunt.

Die Luft ist klar. Die Zwiebel rund,

die auf der Kirchturmspitze ruht.

Das Dorf macht, was es immer tut.

Es träumt und wacht so vor sich hin,

der Blick von oben schenkt ihm Sinn.

Nur wer Graf Aygo wirklich war,

ist mir bis heute noch nicht klar.

34

Biersee

Ein kleiner See direkt am Weg,

ohne Strand und ohne Steg.

Hinter dichten dunklen Bäumen,

zugewachsnen Ufersäumen,

ruht das Wasser trüb und flach,

kräuselt sich im Wind nur schwach.

Ein Entenpärchen lässt sich treiben.

Wird es auch zum Brüten bleiben?

Unser Biersee, einst versteckt,

wird grad mehr und mehr entdeckt.

Ein Zufluss wurde naturiert,

der meist jedoch kein Wasser führt.

Der Blick ist offen. Das ist schön.

Der Biersee ist jetzt gut zu sehn.

Das nehmen viele Menschen wahr

und schaun ihn an, das ist ja klar.

Der Reiher, einst recht häufig Gast,

wirkt da etwas angefasst,

und ob da jetzt noch Enten brüten?

Stattdessen wurden Plastiktüten

im Biersee treibend schon gesichtet.

Wenn einst Verborgenes sich lichtet,

folgt ein Wandel oft darauf.

Der Biersee und sein Lebenslauf,

die Richtung ist noch nicht entschieden.

Ich wünsch dem Biersee seinen Frieden.

Ortsmitte

Die Straße schwingt in weitem Bogen,

als sei sie an der Schnur gezogen,

durch das Dorf und durch die Mitte,

passiert dabei die Burschenhütte.

Sixthof, Pfarrhaus, Stüberlgarten

liegen da im Licht und warten.

Kegelbahn und Herrenhaus,

und der Gasthof lädt zum Schmaus.

Mittendrin bis ganz hoch droben:

Wolken werden angeschoben

von der dünnen Maibaumspitze.

Frühlingsregen, Sommerhitze,

Hagelschauer, Blättersturm,

Wolkenwand am Zwiebelturm.

Unbeeindruckt liegt die Mitte.

Sie zu schonen, eine Bitte:

Parken ist hier wirklich schlecht.

Es ist der Mitte nicht so recht.

Es engt sie ein. Es macht sie klein.

Es lässt sie nicht mehr mittig sein.

40

Die Kirchturmuhr

Sie läutet immer, Tag und Nacht,

um sechs, um sieben und um acht.

Ihr Schlag, metallisch und vertraut

und etwas scheppernd angeraut,

kann unterschiedlich Zeichen senden.

Da liegst du grübelnd zwischen Wänden,

kannst nicht schlafen, zählst Sekunden.

Es sind die Kirchturmviertelstunden

Der Inbegriff von Ewigkeit.

Das Morgenlicht scheint noch so weit.

Du atmest aus und atmest ein.

Das Geläut dringt stets herein

mit immer gleichem Glockenklang.

Am Ende hilft kein Einschlafzwang.

Lieder denken. Wenn Gedanken

allmählich in die Traumwelt ranken,

klappt es doch und du schläfst ein.

Die Kirchturmuhr, die wacht allein.

Es ist ihr Schicksal doch im Grunde

das Diktat der Viertelstund

42

Spielplatz

Braucht es einen Platz zum Spielen?

Eine Frage unter vielen.

Nun: Zum Spielen braucht es Platz!

So herum, da stimmt der Satz!

Klettern, Rutschen, Burgen bauen,

sich mit Dreck und Sand vollsauen,

schaukeln, bis der Balken knarzt.

Runterfallen und zum Arzt.

Wiederkommen, weitermachen,

glucksen, jubeln, strahlen, lachen,

Brotzeit machen, Wasser trinken,

schließlich in die Windel stinken.

Eltern, die nach Hause wollen,

Kinder, die nach Hause sollen,

Müdigkeit und Action-Koller.

Kinderwagen, Dreirad, Roller

werden hastig klargemacht:

Rückzug, Abgang, gute Nacht!

Langsam fällt das Türchen zu.

Klack. Nun herrscht am Spielplatz Ruh.

44

Politik

In Aying Politik zu machen,

bedarf es eines bayerisch-wachen

lokalgeprägten Sachverstandes,

mehr noch als im Rest des Landes.

In Aying gibt es die zwei Türme,

die stehen gehen alle Stürme

fest in ihrem steten Glauben:

Langsam drehen neue Schrauben

Sich ins bewährte Ortsgewinde.

Es erntet, wer sich ewig schinde.

Die Türme sind, das nebenbei,

der Kirchturm und die Brauerei.

Doch hat der Zuzug viel verändert.

Es wird auch hier vermehrt *gegendert*

und Grüne im Gemeinderat

platzieren mehr als nur Salat.

Und Aying hat auch einen Ruf.

Bier und Bayern, so der Move.

Dehoga, Stoiber, Wladimir

46

waren mehr als einmal hier.

Dies erwies sich als geschickt,

denn wenn die Welt auf Aying blickt,

dann putzt sich Aying für die Welt.

Das bringt Bedeutung und auch Geld.

Am Ende braucht es Stehvermögen,

denn trotz 10H und langen Wegen

kämpft Aying jetzt für Windkrafträder.

Das versteht noch längst nicht jeder.

Und doch bewegt sich Politik

auch hier in Aying Stück für Stück.

48

Zugezogen

Zugereist und zugezogen.

Jeder wird aufs Gramm gewogen,

observiert, nach vielen Stunden

dann für akzeptiert befunden.

Recht hilfreich scheint für den Prozess

ein Gang zum Bäcker, ohne Stress,

mit dem Hund die Runde drehen

oder auch zum Bierfest gehen.

Sich zeigen beim Johannisfeuer

hilft beim Koppeln ungeheuer,

mal die Kegelbahn zu mieten.

Seine Manneskraft zu bieten,

wenn der neue Maibaum wartet:

Damit ist man durchgestartet.

Frauen bleibt am Ende nur

der Spielplatz oder *Gmoakultur*.

Die Burschen feiern im Verein,

Mädels dürfen da nicht rein.

Beim Maitanz ist dann doch vereint,

was sonst geschlechtsspezifisch scheint.

Gar Mancher denkt, in schicker Tracht

sozialisiert man sich mit Macht.

Am Ende wird man ausgelacht.

Zugezogen wird ganz sacht

und angekommen ist man dann,

ob Hund, ob Kind, ob Frau, ob Mann,

wenn Passanten Blicke wagen

und dazu noch *Servus* sagen.

Oar

Zwoa Oar

liegn davoa,

glatt und kloa

wie braune Stoa.

A so a Huhn hod oiwei zum Tun.

Mit Kroin statt mit Schuhn

staksts umanand

im Federgwand.

Es pickt si sei Korn

da hint und da vorn.

Es foit in an Sprint

vo da vorn nach da hint,

den ganzn Dog,

bis' nimma mog.

Na gackerts amoi,

und schlupft in sein Stoi.

Für heit daads eahm glanga.

Aufi auf d´ Stanga!

Steht auf oam Boa

und legt no a Oar oder zwoa.

Feierwehr

De san was bsonders, des is klar.

De san im Dorf a echta Star.

Rote Autos, große Schläuch,

de suachan Leid, de brauchan euch!

Am Obnd heastas manchmoi übn,

nachts um Eife, glei da drübn,

und kimmt a Einsatz, na werds laut.

Da werd glei ausm Fensta geschaut!

Dann fahrns ums Eck mit Martinshorn,

es blinkt vo hintn und vo vorn,

de ganzn Autos, kloa wia groß,

auf da Straßn is wos los!

Dann sans weg und es werd staad.

Kemmas zruck, dann meist recht spaad.

Dann fahrns de Autos wieda nei,

obs Zweife is, ob nachts um Drei.

Löschn, Rettn und vui mehr,

des machd hoid unsa Feierwehr.

Beim Weiß

Die Brezen hol ich heut in Peiß,
doch früher ging ich meist zum Weiß.
Da gingen schon die Kinder hin.
Der Ausflug brachte stets Gewinn:
Süße Bonbons, oft ein Pärchen
oder bunte Gummibärchen.
Frau Weiß stand freundlich hinterm Tresen,
als sei sie immer dort gewesen.
Sollns Peisser oder Hafner sein?
Sie packte die Gewünschten ein
und schrieb die Summe obendrauf.
Der letzte Teil vom Brezenkauf,
der fand dann an der Kasse statt.
Die große Scheibe, immer matt,
sie wies den Blick zur Straße raus
und stets stand jemand vor dem Haus.
Zumeist, da hat man angestanden,
die Augen schweiften und sie fanden
die *Bunte* und die *Frau im Spiegel*
neben *Bild* und Schokoriegel.
Die Tochter an der Klimperkasse
zählte ruhig die Kleingeldmasse
und wünschte einen schönen Tag.
Man trat ins Freie und es lag

58

was ganz Spezielles in der Luft:

Ein akkurat gemischter Duft

aus Brezen und aus Brauerei.

Die Landluft macht bekanntlich frei.

Und irgendwann ist es passiert:

Die Öffnung wurde reduziert.

Am Samstag war zunächst noch offen,

doch half kein Bangen und kein Hoffen.

Eines Tages schloss die Pforte

des einzigen Geschäfts im Orte.

Die Räume standen lange leer.

Mir wurd es stets ein bisschen schwer,

bin ich dran vorbeigegangen.

Jetzt hat was Neues angefangen.

Am Ende sind es nun Büros.

Das passt schon so. Ich denke bloß:

Beim Weiß war Heimat, mittendrin.

Er gab dem Alltag Herz und Sinn,

bestimmte das Gemeindeleben.

Das wird es niemals wieder geben.

Das Wasserhäusl

Lange Jahre nicht zu sehen,
weil dunkle Kiefern es umstehen,
da wirkt es heimlich, fast entschwunden.
Die Bäume fallen binnen Stunden.
Und es steht frei, vielmehr befreit
Der Raum ist plötzlich groß und weit.
Es steht da grade, gar nicht krumm
und Blumen wachsen drumherum.
Es wirkt so winzig, ungeschützt,
bei Stürmen oder wenn es blitzt.
Doch bleibt es stoisch unberührt,
als ob es gar kein Wetter spürt.
Ein Bussard setzt sich manchmal nieder
und schwingt bedächtig sein Gefieder.
Mit scharfem Schnabel, klarem Blick,
erspäht er sich ein Beutestück.
Mit schweren Flügeln fliegt er fort.
Das Häuschen bleibt alleine dort.
Es träumt von Wasser und Geschichten
Und könnte uns soviel berichten.
Doch spricht es nicht und steht nur still,
weil es nun mal nichts sagen will.

Prominente in Aying

Der Ort als solcher ist Event
und schon dadurch prominent.
Blasmusik und Bier und Bayern:
Da gibts immer was zu feiern!

Das hat schon Granden angezogen.
Herr Putin kam einst angeflogen,
da war er noch recht populär.
Man kam dazu und staunte schwer.
Die Kinder brachten Blumengrüße,
es zuckten ihre Trippelfüße
Herr Putin war ja nett, und klein.
Dann ging er in den Gasthof rein
und speiste in der *Putinecke*
auf einer Robben-Bären-Decke.

Philipp Lahm war auch zugegen.
Er holte sich des Pfarrers Segen
und kreuzte Aying in der Kutsche.
Doch statt erwünschtem Durchgeflutsche
blieb die Kutsche ständig stecken,
Kids und Fans an allen Ecken.
Dem Philipp fiel im Mittagslicht
sein nettes Grinsen vom Gesicht

64

und eher grantig fuhr er fort
und meidet seither diesen Ort.

Herr Stoiber hat hier oft gespeist.
Manch Gast war von weither gereist.
Und manchmal stand das Kabinett
am opulenten Dorfbankett.

Aus Schweden kam Viktoria,
einst war schon ihre Mutter da,
mit klarem Blick und gradem Kinn.
Sie stellte sich zum Maibaum hin
und schüttelte dort Kinderhände.
Der Händedruck ist längst Legende
und manches Kind hat seither eben
royalen Schweiß am Finger kleben.

Ein Promi lebt schon lange hier
zwischen Kirchturm, Ranch und Bier.
Er kam dereinst vor vielen Jahren
mit seiner Harley angefahren
und ist sehr gerne dageblieben
zum Leben, Drehen, Schreiben, Lieben.
Ich hab nur einmal ihn gesehen.
Vergnügte mich beim Schlangestehen.
ganz geduldig vor dem Stüberl,

ein braves Münchnerstraße-Büberl.

Entdeckte dann, ein Tisch war frei.

Ich rannte los, zack, eins, zwei, drei,

damit der freie meiner sei.

Doch schlich Herr Fierek just herbei.

Das heißt, man hat ihn hingeführt.

Ein Promi kriegt halt reserviert.

Ich dachte mir: du blöder Hund.

Doch das tat ich dann nicht kund.

Schließlich kann er nichts dafür.

Er ist halt Fierek, wir bloß wir.

Am Ende ist es doch auch wurscht.

In Aying haben alle Durscht.

Und ob nun Promi oder nicht,

auf alle scheint das gleiche Licht

und alle gehn ins selbe Klo.

In Aying war das immer so.

Und deshalb sind wir sehr gechillt,

wenn sich das Dorf mit Promis füllt.

Biergarten

Wär Aying derart komprimiert,

sodass es jeder Mensch kapiert,

bleiben letztlich Bier und Garten.

Alles andere kann warten.

Das Herrenhaus, die Brauerei,

der alte Turm steht nah dabei.

Das Kriegerdenkmal ganz zentral,

das Pflaster, etwas grau und fahl.

Der Kirchturm und das Pfarrershaus,

der Maibaum sticht aus allem raus.

Am Straßenrand ein Lattenzaun

mit dichtem Buschwerk grün und braun.

Dahinter eine Fläche Kiesel.

Welch ein Geknirsche und Geriesel.

Drüber Tische und auch Stühle.

Dichte Blätter spenden Kühle.

Mächtige Kastanienmatten,

wie seit jeher wir sie hatten.

Leises Rascheln durch den Wind.

Eine Cola will das Kind.

Dann der Krug mit kaltem Bier,

gelb und schäumend ist es hier.

Die Breze dazu reifengroß,

und schon geht gleich das Knabbern los.

70

Die Selbstversorgung nebendran
karrt haufenweise Spareribs an.
Man speist in Dirndl, Fahrradhose
und offnem Hemd, Krawatte lose.
Kellner rennen, Teller klappern,
Männer juchzen, Kinder plappern.
Im Dämmern gehen Lämpchen an.
Was manchmal dann noch kommen kann:
Die Band spielt zünftig Blasakkorde
im Rhythmus jener Schunkelhorde,
sie sich im Garten neu erfindet:
Bier und Aying, ja, das bindet.

Die Kurve

Die Kurve dient als Markenkern.
Ein jeder, ob von nah, von fern
hat mit ihr schon was erlebt,
was den Blutdruck eher hebt.
Da ist zunächst einmal die Lage.
Ob des Nächtens, ob am Tage,
im Dreieck zwischen Maibaumhütte,
Weg nach Peiß und Dorfesmitte
muss man diesen Ort passieren,
dieser Kurve Schräge spüren.
Ein Parkplatz von der Feuerwehr.
Der alte Baum, er schattet sehr.
Wer von Peiß kommt, der ist blind.
Auch kein Gehsteig. Falls ein Kind
falschrum an der Straße steht
ist es garantiert zu spät.
Doch wird geschnitten und gerast
und noch aufs Pedal gegast.
Kommt man von der Autobahn,
hält man zwar zwangsläufig an,
doch beim Start, da glühn die Reifen
und brennen auf die Straße Streifen.

74

Vom Zentrum her geriert der Fahrer
sich ebenfalls als Soundbewahrer.
Die Kurve wird hindurchgeröhrt,
dass jeder es im Dorfe hört
Am Wasserhäusl ist man frei
und drückt nochmal so richtig nei.
Die Kurve lässt sich auch gut nutzen,
um schnell den Spiegel abzuputzen
oder für den Navi-Check:
Ist man hier am rechten Fleck?
Die Kurve ist am Wochenende
Hochfrequenzverkehrsgelände.
Kinderwägen in Kolonnen,
von Elterngruppen eingesponnen,
Radlergruppen, Bikerhorden,
Richtung Süden, Richtung Norden.
Mähmaschinen und Traktoren
klingen kraftvoll in den Ohren
und das Paar im offnen Benz
genießt grad seinen x-ten Lenz.
Sie alle wollen hin und weg
Das ist der Kurve Daseinszwec

76

Am Peisser Kirchweg

Der Peisser Kirchweg ist ein Steig,
umrankt von Gras und Blütenzweig,
vorbei an Buchen, Eichen, Linden,
mit starken Stämmen, dicken Rinden.
Im Frühjahr hält ein Blätterdach
saftiggrün den Baum in Schach
und bietet Kühen Schutz vor Regen,
sie grasen gerne dort, deswegen.
Der Blick geht über Kirch und Wipfel
bis hin zum fernen Alpengipfel.
Die Kühe käuen friedlich wieder.
Der Wind erraschelt Herbstlaublieder
in Gelb und Gold und Dunkelbraun,
im Abendlicht schön anzuschaun.
Selbst im Winter führen Spuren,
kreuzen Reh-und Hasentouren.
Kahle Äste ragen mächtig
und ihr Schneekleid schmückt sie prächtig.
Zwischen Stämmen tanzen Flocken.
Man staunt und steigt mit feuchten Socken
Schritt für Schritt im Weiß voran.
Wo hört es auf, wo fängt es an?
Der Peisser Kirchweg ist Spektakel,
ist wetterwendisch, ein Mirakel.

Er ist am besten ganz zu sehn

und im Verlauf besonders schön

vom Radweg an der Peisser Straße.

Von dort erklären sich die Maße:

Die Bäume groß, die Menschen klein,

Natur sortiert uns eben ein.

80

Das Stadl-Stall-Syndrom

Vor 30 Jahren lag inmitten

weiter Felder ohne Hütten

das Dorf, kompakt und abgeschlossen.

Doch seither wächst es unverdrossen

Das liegt nicht nur am Zuzugsdrang.

Das Dorf frönt dem Entkernungszwang.

Die Logik will, dass, wer entkernt,

sich immer mehr vom Kern entfernt.

Es schließen Weiß und Kreissparkasse,

doch dafür steigt massiv die Masse

all der Stadl und der Hütten,

der Ställe und der Schweineschütten,

der Scheunen und der Lagerhallen,

die manchmal nachts den Wald beschallen,

denn statt gelagerter Traktoren

vergnügen sich dort Partyforen.

Manche Bauten, wie ein Wal,

ragen förmlich kathedral

in die Wald-und Wiesenluft.

Und neben Ausgleichsblütenduft

lagert Holz, und manches mehr

stapelt sich recht kreuz und quer.

Wo einst gefuchst, gemaust, geigelt,
ist jetzt das Habitat versiegelt
und wer die Dorfdynamik kennt,
der sieht hier keinen Umkehrtrend.
In München wird gezielt verdichtet
oder obendrauf geschichtet.
In Aying fehlen Hochhausriesen,
stattdessen leiden Feld und Wiesen
an einem anderen Symptom:
Es herrscht das Stadl-Stall-Syndrom.

84

Der Imker

In Aying gibt es viele Flecken,

wo Bienenvölker sich verstecken.

Die Bienenkästen stehn in Räumen,

an Scheunenwänden, unter Bäumen,

hinter dichten Hollerbüschen.

Welchen Pollen sie wohl mischen?

Wie sie suchen, wie sie schwirren,

durch das gelbe Rapsfeld irren,

an den Ackerrändern schweben

und zu Ausgleichswiesen streben,

jeden Tag von früh bis spät

als Bestäubungsfluggerät.

Welch ein Kunstwerk, diese Waben,

die sie da erschaffen haben.

Mensch, der Imker sozusagen,

Wird daraus den Honig schlagen

wird ihn schleudern, wird ihn rühren,

sonst würde er kristallisieren.

Füllt den Sirup in ein Glas

von vermittelbarem Maß.

Etikett und kleiner Stempel

und dann in den Einkaufstempel.

Morgens früh steht er dann da

im Regio-Eck beim Edeka.

Die Biene fliegt vielleicht vorbei.
Erst beim Raps ist sie so frei
und sammelt weiter Pollen auf.
Das ist der Bienenlebenslauf.